Norbert Golluch
Rolf Kutschera

QUATSCH-HOROSKOP

Der hinterhältige Skorpion
24. Oktober – 22. November

Eichborn Verlag

CIP-Kurztitelaufnahme der Deutschen Bibliothek:

Golluch, Norbert:

Quatsch-Horoskop / Norbert Golluch ; Rolf Kutschera. –
Frankfurt am Main: Eichborn
Der hinterhältige Skorpion. – 1990
ISBN 3-8218-2027-6

Cover: Uwe Gruhle. Satz und Umbruch mit PC: Wolfgang Spindler.
Druck: Uhl, Radolfzell.
ISBN 3-8218-2027-6
Verlagsverzeichnis schickt gern:
Eichborn Verlag, Hanauer Landstr. 175, D–6000 Frankfurt/M. 1

Der hinterhältige Skorpion

24. Oktober – 22. November

Das Element: Wasser
Das Gestirn: Pluto, Mars
Die Stärken: Findigkeit, Innovationsfreudigkeit, Verschwiegenheit, Hartnäckigkeit
Die Schwächen: Eifersucht, Hinterlist, Sturheit, Rachsucht, Unberechenbarkeit, Herrschsucht, Eigensinn
Das Motto: »Ich begehre!«
Die magische Pflanze: Brennessel, Kaktus, Distel, Klette, Pfeffer, Meerrettich, Senf, Gerste
Die magische Farbe: Rot, am besten Blutrot
Die magische Zahl: Fünf
Der ideale Wochentag: Dienstag
Der Vokal: »e« (»Jetzt erst recht!«)
Der edle Stein: Rubin, Granat, Rauchtopas
Der ideale Name: Männliche Skorpione heißen Otto, Ottokar, Albert, Oswin oder Erich. Weibliche Exemplare nennen sich am besten Vivien, Martina, Katharina, Adelaide oder Margret.

Der Standardtyp: Stechender Blick, tiefliegende Augen, widerborstige Haare, dicker, kurzer Hals, strammer Spitzkühler-Bauch auf zu kurzen Beinen – Skorpione erinnern in ihrem Aussehen an eine Kreuzung aus Pumuckls Großmutter und Beelzebubs Urgroßonkel. Nur der Schwanz und der Pferdefuß fehlen.

Aber lassen Sie sich nicht täuschen – die meisten Skorpione sehen heutzutage ganz anders aus und verbergen ihr wahres Ich hinter einer harmlosen Maske – alles Tarnung!

DER CHARAKTER DES SKORPIONS

Ist schon ein Schätzchen, unser niedlicher kleiner Skorpion, nicht? Wie war das doch gleich? Eifersucht, Hinterlist, Sturheit, Rachsucht, Unberechenbarkeit, Herrschsucht, Eigensinn... Eine schöne Auflistung!

Mal ernsthaft: Der Skorpion ist das Triebtier (um nicht zu sagen, der Triebtäter) unter den Sternzeichen. Skorpione selbst halten sich für willensstark, leidenschaftlich, selbstlos und zur uneingeschränkten Hingabe fähig. In Wirklichkeit jedoch sind sie – um die Liste ihrer widerwärtigen Eigenschaften noch etwas länger zu machen – listig und gerissen und dazu über alle Maßen egozentrisch.

Der Name Skorpion steht astrologisch für grundlegende Umwandlungsprozesse, die Verbesserung des Status quo; das klingt hübsch innovativ. Im Alltag bedeutet dies allerdings, daß Skorpione alles – bis auf die letzte Büroklammer – auf den Kopf stellen, wenn sie in eine neue Firma kommen. Wohngemeinschaften, in die Skorpione einziehen, kommen regelmäßig völlig aus dem Tritt. Alles ändert sich, und dabei ist völlig gleichgültig, ob zum Guten oder zum Schlechten. War bisher die Küche immer supersauber, so steht plötzlich überall Abfall herum. War der gemeinsame Koch- und Brutzelraum bisher eine Müllkippe, führt der Skorpion plötzlich hygienische Normen wie in der Uniklinik ein. Hauptsache, alles wird anders – dem Skorpion ist völlig wurscht, in welche Richtung es geht, ob er mit seinen revolutionären Veränderungen das große Chaos oder das goldene Zeitalter heraufbeschwört.

Überhaupt sind Skorpione wahre Goldstücke. Ihre Mitmenschen lassen sich nur kurz von oberflächlicher Liebenswürdigkeit täuschen – schon bald lernen sie den Skorpion als herrschsüchtigen Despoten, unberechenbares Raubtier, sturen Dickschädel und rachsüchtiges Monster kennen.

Es ist nicht abzustreiten, daß eines an der Selbstsicht des Skorpions in der Tat richtig ist: Skorpione verfügen über eine gewisse persönliche Ausstrahlungskraft, mit der sie besonders einfache Gemüter und kleine Kinder zu beeindrucken suchen. Zu mehr taugt dieses Psycho-Blendwerk wirklich nicht. Allenfalls könnten besonders häßliche Skorpione mit Hilfe dieses »dämonischen Flairs« einen Job als Hilfsgespenst in der Geisterbahn bekommen.

Skorpione besitzen darüber hinaus, nicht nur nach eigener Einschätzung, Kraft und Willensstärke – meist aber nicht genügend davon. Denn ihre ausgeprägten Gefühlsantriebe machen sie häufig zu wil-

lenlosen Triebtieren oder Lustmaschinen. Tatsächlich ist das Leben von Skorpionen ein unentwegter Kampf gegen unersättliche Begierden, in dem sie meist unterliegen. Im Alltag bedeutet das meist: Skorpione sind die hilflosen Rudelbumser, die einen Quickie nach dem anderen brauchen, um ihre Triebe zu befriedigen, oder hektische Arbeitstiere, die ohne ihren zehnsekündigen Adrenalinstoß nicht mehr auskommen können. In seltenen Ausnahmefällen kommt es sogar so weit, daß Skorpione sich sozusagen mit dem eigenen Stachel fertigmachen. Bis dahin dauert es allerdings eine ganze Weile.

Auf ihr ungeheures Stehvermögen, das sie wider jeden Verstand bis zum bitteren Ende durchhalten läßt, sind Skorpione auch noch stolz. Ebenso verachten sie jede Schwäche bei sich und anderen.

Bei sich selbst sind sie in Sachen Verachtung allerdings ein wenig halbherziger als bei anderen – z.B. in puncto Unpünktlichkeit. Wenn jemand zu einer Verabredung mit einem Skorpion unpünktlich erscheint, markieren sie gleich den wilden Affen: »Was erlaubst du dir eigentlich? Schon wieder zehn Sekunden zu spät!« Was sie aber nicht daran hindert, selbst ein Ausbund an Unpünktlichkeit zu sein...

Im ganzen gesehen halten Skorpione nichts von symmetrischen Verhaltensweisen: Sie sind zutiefst sauer, wenn jemand es wagt, sie zu kritisieren – denken allerdings nicht im geringsten daran, mit ihrer eigenen, oft harschen Kritik hinter dem Berge zu halten.

Nein, Skorpione halten in der Tat mit ihrer Meinung nicht hinter dem Berg. Sie sagen alles unverblümt und wahrheitsgetreu; sie beleidigen Gastgeber, Erblasser, Freunde, Geliebte, Helfer und Lebensretter – munter drauflos, wie es ihnen in den

Kram paßt. Wer gerade einen Skorpion aus einem eisigen, reißenden Gebirgsfluß vor dem sicheren Ertrinken gerettet hat, bekommt zu hören: »So ein Mist! Warum bist du nicht früher gekommen, du Arsch! Jetzt ist mein schöner Anorak naß!«

Lieber schweigt ein Skorpion, ehe er seine Meinung verwässert zum Ausdruck bringt. Jeden Abend sitzen Hunderttausende von Skorpionen in unseren Kneipen schweigend hinter ihrem Bier. Wer weiß, wie viele wertvolle Meinungen uns da verloren gehen? Verloren geht dem Skorpion übrigens auch so mancher Freund: Da diesem Sternzeichen argumentativ nicht beizukommen ist, zieht es so mancher Angehörige anderer Sternzeichen vor, das Weite zu suchen. Auch wechseln Skorpione lieber die Freunde als ihre eigene Meinung, die sie über alles hochhalten.

Neben den bereits genannten supernetten Charaktereigenschaften besitzen Skorpione eine weitere beachtliche Macke, mit der sie ihre Mitmenschen nerven: ihrer andauernden Suche nach Vollkommenheit. Skorpione verspüren ständig den Drang, alles 150%ig zu erledigen. 155% aller Steuerprüfer und 250% aller TÜV-Ingenieure z.B. sind Skorpione. Das nervt. Hinzu kommt bei Skorpionen der unselige Trieb, den Dingen auf den Grund zu gehen. Das hat zur Folge, daß ihre Begabungen vor allem in den Gebieten Entdeckung und Forschung liegen. Sie entdecken als Finanzbeamte jede Steuerhinterziehung und erforschen bei der TÜV-Abnahme jeden noch so versteckten Defekt an ausgerechnet meinem Schrottauto. Und wer kann die teure und völlig unnötige Reparatur bezahlen? Ich natürlich! Hundsgemein!

Hinzu kommt ein großes Einfühlungsvermögen, das sie befähigt, auch intime Geheimnisse im Gespräch auf widerlich-einschleimende Weise zu ergründen; deshalb sind Skorpione gesuchte BKA-Mitarbeiter und Spione.

Auch die Erkundung okkulter Phänomene gehen Skorpione gern an. Allnächtlich sitzen Hunderttausende von Skorpionen um runde Tische herum und versuchen krampfhaft, mit dem Jenseits zu kommunizieren. Doch leider haben die Geister unserer Ahnen Besseres zu tun als an Tischplatten herumzurütteln.

Vermutlich liegen sie in ihren übernatürlichen Betten und pennen.

In sternenklaren Nächten stehen die Straßen und Plätze der ganzen Welt voller Skorpione, die angestrengt nach Ufos Ausschau halten. Sie werden keinen Erfolg haben, denn die Besucher von fernen Ga-

laxien suchen ja nach intelligentem Leben – und nicht nach dummbeuteligen Skorpionen, die sich beim Nach-oben-Starren den Hals ausrenken.

Im Alltagsleben hat dieser Forscherdrang der Skorpione die unangenehme Folge, daß man sie unter keinen Umständen allein in einer fremden Wohnung lassen kann. Sie kramen in Kisten und Schränken, durchstöbern Schubladen und Regale, schauen unters Bett und in die Schatulle mit den privaten Papieren und entdecken garantiert Vatis Sammlung erotischer Kunstfotografien und Muttis Liebesbriefe verflossener Verehrer. Also Vorsicht mit Skorpionen, wenn Sie konspiratives Material zu verbergen haben!

Immerhin neigen Skorpione zu größter Verschwiegenheit. Sie können Geheimnisse wirklich für sich behalten. Wenn zum Beispiel das Haus des Nachbarn brennt, und der Skorpion sieht es – Sie müssen nicht glauben, daß er dieses Geheimnis verrät, schon gar nicht der Feuerwehr! Nein, ein Geheimnis ist bei einem Skorpion gut aufgehoben.

Selbstverständlich, daß Skorpione für sich fordern, was sie anderen zusichern: Sie werden zur tobenden Bestie, wenn jemand ihre eigenen Geheimnisse verrät.

Zum Schluß noch eine letzte Warnung: Machen Sie sich keinen Skorpion zum Feind! Was im übrigen bei so »netten« Zeitgenossen nicht ganz einfach ist. Im Kampf nämlich sind Skorpione gnadenlose Gegner, die erst ruhen, wenn sie ihrem Feind den Giftstachel in die Brust gesenkt haben. Hübsche Aussichten...

DER LEBENSLAUF DER SKORPIONE

Schon als klitzekleine Skorpiönchen sind Menschen mit diesem Sternzeichen eine Landplage. Selbst gutmütige Patenonkel werden auf Dauer zu Kinderhassern, und wohlmeinende Pädagogen brechen sich den antiautoritären Hebel ab, wenn sie mit Skorpionkindern zu tun haben. Gerade noch hat sich der nette kleine Junge mit reumütigem Gesicht für seine Schandtaten entschuldigt, da treten Sie schon auf die nächste Tellermine, die das liebe Kind Ihnen gelegt hat.

Nicht nur Rachsucht und Hinterhältigkeit schlagen früh durch, auch der Hang zur Tyrannei. Skorpion-Kinder führen bereits im Kindergarten Banden an, terrorisieren mit Hilfe ihrer Mafia schon ihre Grundschullehrer mit Fröschen in der Aktentasche und nächtlichen Anrufen und lassen eine beachtli-

che Strecke von Widersachern, Feinden oder lästigen Kontrahenten hinter sich, bis sie das Berufsleben erreichen. Klar, daß Karriere macht, wer mit derartigen Ellenbogen und einem so tödlichem Giftstachel ausgestattet ist!

DIE GLÜCKLICHEN JAHRE

des Skorpions liegen zwischen dem 17. und dem 19. Lebensjahr – vermutlich schon deshalb, weil kein Mensch soviel Streß und emotionale Hochspannung länger als ein paar Jährchen ohne Schaden aushält...

SKORPIONE IM BERUF

Für die meisten Berufe sind Skorpione völlig ungeeignet. Immer dann, wenn sie in Kontakt mit anderen Menschen kommen, bricht sich ihr unleidliches Naturell Bahn. Zum Beispiel als Verkäufer versagen sie völlig: »Sagen Sie mal, Sie unsportlicher Sack: Wollen Sie sich wirklich diesen teuren Sportwagen kaufen?«, ist ein typischer Skorpion-Verkäufer-Satz. Mit ihrer ekelhaften Unart, ständig ihre eigene Meinung als Wahrheit verkünden zu müssen, stehen sie sich selbst im Weg.

Hinzu kommt eine lästige Streitsucht, der Hang zu unversöhnlichen Feindschaften und Reibereien. Statt zu arbeiten, versuchen Skorpione den lieben langen Tag lang, ihrem Erzfeind im Betrieb eins reinzuwürgen. Dazu setzen sie ihr ganzes, oft nicht geringes intellektuelles Potential ein und nerven ihre Gegner mit kritischer Schärfe und der hinterhältigen Ausforschung ihrer privatesten Geheimnisse.

Damit nicht alle Skorpione wegen dieser abstoßenden Eigenschaften dem Arbeitsamt auf der Tasche liegen, hat man gewisse berufliche Nischen für sie freigehalten. Besonders im Bereich der chemischen Industrie sind Skorpione tätig, bietet dieses Arbeitsgebiet doch den Vorteil, daß Rangkämpfe zwischen Rivalen dank der immer verfügbaren Gifte und Sprengstoffe schnell zur Entscheidung kommen.

Unverständlicher bleibt, warum Skorpione im Maschinenbau, in der Kraftfahrzeugtechnik und in der Elektrotechnik Fuß fassen können. Vermutlich, weil keine richtige Werkstatt ohne einen Meister auskommen kann, der ständig herummeckert und Ärger macht.

Lebensgefährlich für die Menschen der restlichen Tierkreis-Zeichen werden Skorpione in den ärztlichen Berufen. Besonders als Fachärzte stellen sie die Patienten oft vor schwierige Probleme. Nicht, daß sie sich weigerten, Blinddärme herauszunehmen oder Röntgenbilder anzufertigen – aber ohne Streit über die richtige Therapie geht es fast nie ab. Und wer weiß: Vielleicht wird da schon mal etwas abgeschnitten, nur damit der nörgelsüchtige Skorpion-Arzt letztlich recht behält....

Idealberuf für Skorpione ist der Zahnarzt. Da können sie ihren Mitmenschen so richtig schön auf den Zahn fühlen...

Logisch, daß derartige Mieslinge und Streithammel, wie es Skorpione sind, auch in militärische Berufe und in solche Tätigkeiten drängen, in denen sie mit Waffen herumfuchteln können. Bundeswehr,

Polizei, Kriminalpolizei und Detektivbüros quellen über von Skorpionen.

Auch in Handwerksberufen haben es Skorpione mit Vorliebe mit Eisen und Stahl zu tun. Schlächter(!), Schlosser, Schweißer, Dreher und Werkzeugmacher stehen häufig unter diesem Zeichen.

Es liegt auf der Hand, daß derartig »freundliche« Zeitgenossen beruflich häufig nicht recht vorankommen. An eine leichte Karriere ist für einen Skorpion kaum zu denken. Wer will schon einen solches Subjekt als Chef? Aber die Anstrengungen des Skorpions wachsen mit den Intrigen gegen ihn. Sie kämpfen mit allen Mitteln, schmieden ihrerseits Intrigen, stellen fiese Fallen und legen innerbetriebliche Fußangeln, bis sie ihr Ziel erreicht haben. Dutzende bleiben auf der Strecke, denn den Skorpion drängt es mit aller Macht nach oben. Einziger Trost: Gelegentlich siegen letzten Endes doch die vereinigten Streitkräfte der Skorpiongeschädigten...

Eine weitere Freude für Skorpiongegner: Skorpione sind rettungslos verlorene Arbeitstiere. Unfähig, Arbeiten zu delegieren, überarbeiten sie sich meist. Es sind Skorpione, die nach 20 Stunden Arbeit hinter dem Schreibtisch oder auf der Autobahn nach 1500 km Fahrt kollabieren und sich nachher auch noch fragen, warum.

SKORPIONE UND DAS GELD

Wie kann es anders sein: Skorpione neigen zum Geiz. Sie kriegen schon Muffensausen, wenn sie eine Tageszeitung kaufen müssen. Größere Geldausgaben stürzen sie in eine tiefe seelische Krise. Wenn sie die Knete schließlich doch lockermachen, tritt gemeinerweise eine der größten finanziellen Ungerechtigkeiten des Tierkreises in Kraft: Das Geld des Skorpions wächst förmlich nach. Von irgendwoher kommt immer gerade dann neuer Zaster, wenn der Skorpion ihn braucht.

Dazu haben Skorpione auch noch eine natürliche Begabung für den Umgang mit Geld. Mit den Steuergesetzen jonglieren sie wie ein Artist mit Porzellantellern, und bei ihnen geht nie etwas zu Bruch. Sie kennen Zinssätze, Kreditkonditionen und Bausparprämien auswendig wie andere nur ihre Telefonnummer und sahnen deshalb ständig fett ab. Widerlich!

Eigensüchtig, wie Skorpione nun einmal sind, geiern sie besonders gern auf unerwartete Einnahmen, speziell auf Erbschaften. Aber hier haben sie Pech: Je spitzer sie auf Tante Eleonores Knete aus sind, desto mieser kommen sie im Testament weg. Die Geldgier steht ihnen einfach ins Gesicht geschrieben, und das bemerken auch die Erblasser ziemlich schnell.

SKORPIONE UND IHR AUTOMOBIL

Bei der Wahl seines Fahrzeuges wirken im Skorpion zwei seiner negativen Eigenschaften zusammen: sein Geiz und sein Hang zum Obskuren. Statt irgendein preiswertes Alltagsgefährt zu erwerben, stürzen sich Skorpione auf fragwürdige Billigfabrikate, die kein Angehöriger anderer Sternzeichen auch nur eines Blickes würdigen würde. Für zwei-, dreihundert Mark wagen sich Skorpione an Produkte der Firmen Britisch Elend, Beta Romeo oder Lada heran und nehmen kochende Kühler, beißende Öldünste, überraschende Kabelbrände und lustige Lagerschäden in Kauf – es sind neuerdings sogar westdeutsche Skorpione im Trabi gesehen worden. Der angestrebte Spareffekt wird keineswegs erreicht. Es liegt auf der Hand, daß solche Fahrzeuge mehr in der Werkstatt stehen als sonstwo fahren.

DIE SCHOKOLADENSEITEN

Skorpione verfügen über eine ungeheure Ausdauer, die in ihren schlimmsten Auswirkungen schon ans Stupide grenzt. Wenn man einen Skorpion aus dem Verkehr ziehen will, stellt man ihm eine schier unlösbare Aufgabe: alle Achttausender dieser Erde besteigen, alle Dortmunder Brauereien besichtigen, jeden Abend das komplette ZDF-Programm sehen o.ä. Der Skorpion kann nicht anders – er muß die in ihn gesetzten Erwartungen zu 100% erfüllen, und wir haben unseren Frieden! So einfach ist das!

DIE SCHATTENSEITEN

Skorpione sind absolut unberechenbar – und rachsüchtig dazu. Ein leichtfertig dahingesagter Satz, ein paar heiße Liebesspiele mit dem Ehepartner – und schon werden Skorpione ein Leben lang zu widerwärtigen Feinden. Sie nutzen jede Chance, wenden die hinterhältigsten Tricks und die unmenschlichsten Waffen an. Wer einen Skorpion zum Feind hat, ist nirgends sicher...

DER GROSSE HORROR

aller Skorpione ist die Angst, ausgenutzt zu werden. Skorpion-Freunde verleihen aus diesem Grund nur ungern ihren Kugelschreiber. Skorpion-Väter weigern sich, ein R-Gespräch zu bezahlen, wenn der verschollene Sohn sich nach zwanzig Jahren zum ersten Mal wieder meldet, und Skorpion-Mütter kommen vor Mißtrauen um, wenn der Schwiegersohn in spe sie um eine Schachtel Streichhölzer bittet.

DIE GESUNDHEIT DES SKORPIONS

Gemeinerweise können Skorpione uralt werden. Glücklicherweise ist ihnen dieses Privileg nicht ohne gewissen gesundheitlichen Ärger vergönnt. Wär' ja auch noch schöner!

An Gesundheitsgefahren für sich mag der Skorpion nicht glauben. Deshalb ignoriert er Symptome, solange er irgend kann. Da mag es zwicken und zwacken, drücken und ziehen – Skorpione mißtrau-

en sich und ihrem Körper. Dabei hätten sie jeden Grund, auf Anzeichen einer Erkrankung zu achten – Darm, Blase, Harnröhre, Kopf, Rachen und Nasennebenhöhlen sind die Angriffspunkte, die Bazillen, Bakterien und Viren mit Vorliebe attackieren. Zudem leiden Skorpione – wie alle geizigen Menschen – unter Verstopfung. In späteren Jahren plagt sie Rheuma – vermutlich, weil sie in jungen Jahren nicht das Geld für warme Wintersachen herausrükken wollten.

Statt etwas für den Schutz vor Erkrankungen zu tun, unternehmen Skorpione selbst in der Klinik noch alles, um ihre Gesundheit zu unterminieren. Sie fressen und saufen zuviel und kultivieren überstarke Haß- und Rachefantasien, die ihnen vor Gram die Magenwände zerfressen. Nur weiter so...

Ist es zu spät und aus dem »leichten Kratzen im Hals« (O-Ton Skorpion) eine schwere Lungenentzündung geworden, sind es die Angehörigen anderer Sternzeichen, die unter der Krankheit des Skorpions zu leiden haben. Und Krankheiten ziehen sich bei Skorpionen mächtig lange hin...

Ärzte werden bei jedem Diagnose- oder Therapieversuch mißtrauisch beäugt und bei dem kleinsten Anflug oder Verdacht eines Fehlers mit Prozessen und Schadenersatzklagen überzogen. Es sind immer Skorpione, die mit Schadenersatzforderungen in Millionenhöhe durchkommen. Es soll bereits zahlreiche Ärzte geben, die Skorpione nur noch in Anwesenheit eines Notars, eines Staatanwaltes, eines medizinischen Sachverständigen und ihres Anwalts behandeln. Das Pflegepersonal stöhnt über die

Schimpfwörter und ganzen Kaskaden von Flüchen, die der ebenso miesepetrige wie wehleidige Skorpion im Krankenhaus abläßt. »Schwester, was ist denn das für ein Scheißhospital hier!« ist ein Standardsatz von Skorpion-Patienten, »wozu bezahle ich denn diese horrenden Krankenkassenbeiträge?« Doch Vorsicht, Skorpione! So mancher Ihresgleichen bekam schon eine ziemlich unverträgliche Spritze in sein widerwärtiges Hinterteil und verschwand auf Nimmerwiedersehen irgendwo in den unergründlichen Labyrinthen einer modernen Klinik...

DAS LIEBLINGSGETRÄNK

Ob heiß, kalt, mineralisch oder alkoholisch – Getränke für Skorpione müssen vor allem eines sein: umsonst. Dann ist es Angehörigen dieses Sternzeichen völlig wurscht, was sie sich hineinkübeln. Es sind Skorpione, die jedes Jahr Tausende von Freibierständen in Grund und Boden trinken und auf Geschäftsessen so lange beim einarmigen Reißen ausharren, bis sie sturzbesoffen unter den Tisch kippen (was wiederum den Verdacht nahelegt, daß 95% aller Japaner Skorpione sein könnten).

DIE LIEBLINGSSPEISE

Die Kochrezepte der Skorpion-Küche sind für Angehörige anderer Sternzeichen völlig ungenießbar. Ähnlich wie Widder verzehren Skorpione Unmengen von Gewürzen. Je schärfer, desto schmeckt man nichts, scheint die Devise dieses Sternzeichens zu sein. Speisen, die auf dem Teller vor Schärfe rauchen und in denen sich Messer und Gabel zischend auflösen, sind für Skorpione gerade richtig. Essig und Salz brauchen Skorpione in Großcontainern, Senf verschlingen sie gleich tubenweise, und Meerrettich, Pfeffer, Chili und Sambal Oelek führen sie sich am liebsten intravenös zu.

Außerdem verzehren sie derart scharfen Tobak auch noch in beachtlichen Großportionen. Besonders schätzen sie es, wenn sie beim Verschlingen dieser Chemikalien den Koch oder die Hausfrau mit Unflätigkeiten über das Essen beleidigen oder die Tischdekoration bemäkeln können.

Natürlich rächt sich dieses (Fr)Eßverhalten irgendwann mit einer durchgeätzten Speiseröhre, einem völlig verkohlten Magen oder einer durchlöcherten Pfefferleber. Bis dahin aber haben Skorpione bereits eine Menge fragwürdige Lukullusjünger bereichert.

DAS BEVORZUGTE LOKAL

Ihren Hang zum Obskuren und Verdächtigen leben Skorpione auch in dieser Hinsicht aus: Nur zu gerne suchen sie Lokale, Restaurants und Bars auf, in denen zwielichtige Gestalten verkehren. Skorpione finden solches Gelichter apart und anregend. Am liebsten ist ihnen das Stammlokal des Kreisverbandes der örtlichen Cosa Nostra oder die Kaschemme, in der die lokalen Kokain-Dealer ihre Jahrestagung abhalten. Skorpione fühlen sich in einem Lokal erst wohl, wenn neben ihrem Teller mit dem Zigeunerschnitzel ein Wurfmesser vibriert. So mancher Skorpion ist deshalb schon in die Hände von Ganoven gefallen, statt seinen Hunger zu stillen.

Umgekehrt ziehen Skorpione die Kräfte der Finsternis magisch an. Ein Schnellimbiß, in dem regelmäßig Skorpione verkehren, kann innerhalb weniger Tage zur Schaltzentrale der städtischen Verbrechergewerkschaft oder zum Panzerknacker-Treff entarten. Vorsicht also, Gastwirte! Skorpione raus!

Eine andere Eigenart der Skorpione nämlich werden Gastwirte auch über alles zu schätzen wissen: Sie schreien unentwegt wegen jeder Kleinigkeit nach dem Geschäftsführer. Der sollte augenblicklich herbeieilen, wenn ein Skorpion dies wünscht, und unverzüglich ein Lokalverbot gegen den lauthals Protestierenden aussprechen. Die Gäste anderer Sternzeichen werden es ihm zu danken wissen.

DAS LIEBLINGSTIER

des Skorpions ist... na?: der Skorpion. Welche Tierart sonst vereint derart viele Hinterhältigkeiten in sich? Skorpione beißen, können vor- und rückwärts rennen, haben einen Stachel, der überdies auch noch giftig ist und pflegen hübsch ekelhafte Sitten. So tötet und verspeist das Weibchen z.B. ihren Liebespartner nach der Paarung. So egoistisch sind Skorpione!

Skorpione hassen alle Tierarten mit Pelz, die Liebe und Wärme verströmen.

DIE TYPISCHE SPORTART

Beliebt sind alle Sportarten, in denen a) gekämpft wird und b) man mit irgend etwas auf irgend etwas einstechen darf. Es liegt auf der Hand, daß Skorpione vor allem das Fechten lieben.

DAS LIEBLINGSBUCH

Skorpione lieben Texte, hinter denen sie tiefe Bedeutung vermuten können.

- ◇ Die absolute Nr. 1 der Skorpion-Literaten: Umberto Eckstoß. Seinen Roman »Im Rahmen der Hose« kennen echte Skorpione auswendig.
- ◇ Sein neuestes Werk »Die Foucaultsche Pendeluhr« werden Millionen von Skorpionen gierig einsaugen. Weitere Bestseller auf der Skorpion-Bücherliste:
- ◇ »Gödel, Escher, Bach« – ein so mysteriöses Buch, daß nicht ein Prozent der Leser mehr als die ersten 60 Seiten versteht. Ideal für alle Skorpione!
- ◇ das Telefonbuch der Bundespost, dessen hintergründige Bedeutung Skorpione ständig auszuforschen trachten.

DER LIEBLINGSFILM

Der absolute Hammer-Film aller Skorpione ist »Casablanca«. In welchem Streifen sonst sagt der Held seiner Geliebten einen so unvergleichlich weitsichtigen Satz: »Ich schau' dir in die Augen, Kleines, aber bleib mir mit deinem Stachel vom Leib...!«

DIE LIEBLINGSMUSIK

Echte Skorpione jüngeren Jahrgangs hören vor allem ihre Leib- und Magengruppe: »The Scorpions«. Andere Rockmusik muß ähnlich hart oder aber düster daherkommen. »Motörhead« und die »Sisters of Mercy« haben vor allem Skorpione als Fans. Im Jazz schätzen Skorpione die vorzeitlichen Männerchöre auf Meredith Monks Platten oder Dixieland aus den Anfängen des Jahrhunderts. Vermutlich besuchen Skorpione eher ernsteren Musikgeschmacks ausschließlich Wagner-Opern.

DAS BEVORZUGTE REISEZIEL

Der Hang zu Finsternis und Rätsel, zum Sagenumwobenen und Mysteriösen allgemein treibt Skorpione im Urlaub an seltsame Orte. Burgen, Schlösser, Ruinen, alte Klostermauern müssen unbedingt am Urlaubsort vorhanden sein. Modern gesinnte Skorpione nehmen auch mit der strahlenden Ruine eines Kernkraftwerks vorlieb.

Die meisten Skorpione reisen in Urlaubsorte, die bereits im Prospekt ein kettenrasselndes Schloßgespenst ankündigen. Da des Nachts sicher Hunderte von Skorpionen auf der Suche nach Gespenstern

durch das alte Gemäuer geistern, wird niemand enttäuscht: In der Ruine ist der Teufel los.

Typische Urlaubsorte für Skorpione: Schottland, Irland, die Karpaten, Transsylvanien, das Rhein- und das Moseltal.

DIE TYPISCHE DROGE

Starrköpfig, wie Skorpione sind, leiden sie ständig unter verspannungsbedingten Kopf- und Nackenschmerzen. Deshalb vertilgen sie oft Unmengen Thomapyrin oder Melabon.

DIE TYPISCHE AUSREDE

Skorpione benutzen niemals Ausreden. Sie sagen stets unverblümt die nackte Wahrheit – es sei denn, sie befänden sich auf dem Kriegspfad. Dann werten sie ihre Lügen jedoch nicht als Ausreden, sondern als Kriegslist. Eine solche Kriegslist eines Skorpions, der einen Widersacher fertigmachen will, könnte bei einem »zufälligen« Besuch beispielsweise lauten: »Guten Tag, ich wollte nur mal kurz reinschauen...«Achtung, Gefahr! Höchste Vorsicht ist geboten!

DIE LEICHE IM KELLER

Vorsicht, Attention, Danger! Seien Sie dreimal gewarnt. Skorpione machen aus ihrem Herzen keine Mördergrube, ihr Herz ist eine. Die Redewendung »Leiche im Keller« könnte bei Skorpionen der kaltschnäuzig-kriminellen Sorte bitterste Realität sein.

Aber auch die alltäglicheren Skorpione beherbergen in ihrem tiefsten Gemütskeller Gedanken und Absichten, die bei Angehörigen anderer Sternzeichen längst ins kryptosoziale Unterbewußtsein abgerutscht sind...

DIE GLANZTAT

Die überhaupt skorpiontypische Glanztat leistete sich der Skorpion Stefan Remmler (* 25.10.1946), der mit seiner Band »Trio« die menschliche Kultur um den unvergeßlich tiefsinnigen Musiktitel »Da-Da-Da« bereicherte.

DIE GANZ GROSSE NIEDERLAGE

In eine ziemlich sagenhafte Pleite schlitterte die Skorpionin Adelaide von Savoyen (* 6.11.1636) gemeinsam mit ihrem Gatten, dem Kurfürsten Ferdinand Maria von Bayern. Er hatte die Macke, ihr seine Liebe architektonisch zu beweisen und baute ihr Opernhäuser, Schlösser und Kirchen. Dabei verpulverte er Steuergelder zuhauf. Sie revanchierte sich, indem sie fetzige Feste für seine Geschäftsfreunde ausrichtete: Für eine Fete mit einem Salzburger Edelmann am Starnberger See ließ sie mal eben ein vergoldetes Prunkschiff für 150 Ruderer erbauen... Der große Schock kam 1674: Als ihnen die Residenz niederbrannte, waren Ferdi und Adelaide pleite – sie hatten am falschen Ende gespart und vergessen, die Feuerversicherung zu erfinden. Das Paar hinterließ dem Lande Bayern eine Schuldenlast von etlichen Millionen Gulden. Und 'ne Million war damals noch echt 'ne Million...

Woraus wir lernen, daß Skorpione neben anderen üblen Eigenschaften durchaus auch äußerst verschwenderisch sein können.

DER GANZ GROSSE HAMMER

Den ziemlich widerlichen Spitznamen »kleine Pest« fing sich die Skorpionin und Herzogin Laure-Adelaide Abrantés (* 6.10.1784) ein, die sich am Hofe Napoleons in skorpionhafter Rachsucht und Hinterhältigkeit übte und in Saus und Braus lebte. Als der Kaiser weg vom Fenster war, sah es auch für Laure-Adelaide finster aus. Immerhin reichten die Erinnerungen an ihre früheren Schandtaten später noch für ihre Memoiren, die sage und schreibe achtzehn Bände füllten und mit den Personen ihres Vorlebens hart, aber ungerecht ins Gericht gingen. Von wegen verschwiegene Skorpione! War wohl ’n Kakadu im Aszendenten oder so...

SKORPIONE UND DIE LIEBE

Skorpione erreichen ungeahnte Liebesglut, verbrennen sich an ihrer eigenen Leidenschaft die Finger und was sonst noch. Sie können besitzergreifend, unangenehm eifersüchtig und gewalttätig werden.

Wer einen Skorpion mit dessen Partner – männlich oder weiblich – betrügt, sollte sich vor dem Giftstachel hüten: Zahlreiche Einlieferungen in die Unfallambulanzen und die Auslastung ihrer Betten verdankt die moderne Medizin der tobenden Eifersucht von Skorpionmänner und -frauen, die in ihrer blinden Wut zuschlagen, treten, kratzen, beißen, schießen oder auch mal zum Küchenmesser oder zur Schere greifen.

DIE SKORPION-FRAU

Erste und »hervorstechende« Eigenschaft der Skorpion-Frau: Sie benutzt stark riechende Kosmetika. Genauer gesagt: Sie verwendet zur Unterstreichung ihrer Persönlichkeit und ihrer erotischen Attraktivität Präparate, die an anderer Stelle als Insektengifte oder chemische Keule eingesetzt werden. Ihre herbe Schönheit unterstreicht sie häufig mit Schmuck aus Roheisen. Skorpion-Frauen tragen stets Handschellen, Bügelfallen und Fußangeln bei sich.

Streit gehört bei Skorpion-Frauen zur Partnerschaft wie die Suppe ins Salz. Zartbesaitete Softies geben schon nach drei Tagen den Löffel ab – nur Bärennaturen oder Ochsengemüter halten das auf Dauer aus.

Besonders gern nehmen Skorpion-Frauen das Vorleben ihres Partners zum Anlaß, das sie bereits in den ersten Wochen der »liebenden« Verbindung gründlich und lückenlos ausforschen. Keine Chance für Heiratsschwindler oder sexuelle Berufsparasiten. Es sei denn, sie seien selbst Skorpione...

Mißtrauen, Belehrungen der übelsten Sorte, Bespitzelungen, Besserwissereien und eine supersatte Portion Mißtrauen gehören ebenso zur Skorpion-Frau wie ihre verführerische Art, wohlhabende Männer aufzureißen.

DER SKORPION-MANN

Nachtragend, eifersüchtig, mißtrauisch, förmlich nach Rache dürstend – Frauen, die auf Liebesdramen stehen, sollten unbedingt einen Skorpion-Partner wählen. In dieser Hinsicht wird er sie voll beglücken – wenn auch mehr in Richtung Drama, als ihnen lieb sein kann.

Zuerst ahnt das weibliche Opfer des Vampirs... äh... des Skorpions nichts. Er umschwänzelt sie, ist liebenswürdig und nett, überschüttet sie mit wertvollen Geschenken, läuft zu amouröser Hochform auf und platzt fast vor Leidenschaft. Sie ist überglücklich und schwebt auf rosa Wölkchen – bis sie merkt, daß die Falle längst zugeschnappt ist. Dann stellt sie fest, daß sie im goldenen Käfig eines zynischen und brutalen Despoten sitzt.

Aber halt – wir wollen nicht pauschalisieren! Nicht alle Skorpion-Männer sind zynische und brutale Despoten! Nur die besonders ausgeprägten Prachtexemplare verdienen diese Bezeichnung. Schwächere Individuen bringen es nur bis zum widerwärtigen, nörgelnden Ekelpaket. Apropos Ekel – Ekel Alfred ist mit Sicherheit ein Skorpion!

Merkwürdig ist der Hang des Skorpion-Mannes zur Farbe Rot – der übrigens auch bei der Skorpion-Frau ausgeprägt ist. Wenn ein Mann einen roten Anzug, rote Krawatte, rote Socken, rote Schuhe, eine rote Brille und dazu auch noch einen roten Kopf trägt, ist er entweder a) Mitglied der kommunistischen Partei oder b) ein Skorpion oder c) beides.

Weiter sollten Angehörige anderer Sternzeichen über den Skorpion-Mann wissen, daß er gelegentlich zum Einsiedeln neigt. Nach Phasen hektischer Betriebsamkeit und geselliger Ausschweifungen packt ihn plötzlich der Trieb, in die Wüste zu fliehen. Er läßt alles stehen und liegen, verschwindet für ein, zwei Monate und mimt den Eremiten.

Nachher erscheint er freudestrahlend wieder auf der Bildfläche und tut, als ob nichts gewesen sei.

Auch in der Liebe bricht sich der makabre Humor des Skorpions häufig Bahn. Statt Blumen oder Schmuck zu schenken, lädt der Skorpion-Mann seine Angebetete in einen Horrorfilm ein. »Bei «Zombies – immer frisch gegrillt« oder »Kettensägen-Massaker XXVII« gerät der männliche Skorpion völlig aus dem Häuschen und entwickelt oft rasante erotische Aktivitäten. Angehörige anderer Sternzeichen sollten sich genau überlegen, ob sie ihm in diesem Zustand ihr Ohr schenken wollen...

DIE TYPISCHE ANBAGGER-SZENE

Der Täter (Skorpion) dreht seinen ganzen Charme voll auf – das Opfer (Angehöriger anderen Sternzeichens) sinkt völlig betört in seine Arme. Es folgen Zustand der Verblendung, beginnende Erkenntnis, die Schuppen-von-den-Augen-Phase usw. Man kennt das ja. Alles schon tausendmal so gelaufen.

BEVORZUGTE STELLUNGEN

Alle, bei denen der Skorpion obenauf ist. Vorsicht! Skorpioninnen lieben es, ihr Männchen nach dem Akt zu verspeisen oder sonstwie zu verwerten (Hausputz, Wagenwäsche, kleinere und größere Reparaturen im Haushalt bis zur Restaurierung der Fundamente).

IDEALPARTNER

In Kurzfassung: Ideal sind Verbindungen von Skorpionen mit Krebsen und Fischen. Die sind so doof und lassen sich unterbuttern. Recht gut passen auch Waage, Steinbock und Schütze zum Skorpion, zumindest bis sie bemerken, welches Prachtexemplar sie sich da eingefangen haben.

Mit dem Wassermann geht's in der Regel schief – so willensstark sind Wassermänner selten, als daß sie dem Skorpion das Wasser reichen könnten.

Stier-Verbindungen verlaufen zwiegespalten, weil zwei willensstarke Monster aufeinandertreffen. Entweder geraten sie in einen Zustand so andauernden Liebesglücks, daß man blöde davon werden kann – oder es entbrennt ein Nervenkrieg, gegen den Psychoterror das reine Mensch-ärgere-dich-nicht ist.

Es muß schon eine Menge Leidenschaft im Spiel sein, wenn sich Widder und Skorpion verstehen sollen. Auch den zwiegespaltenen Zwilling betrachtet der Skorpion äußerst skeptisch. Wie kann man nur so schwach und unentschieden sein?

König Löwe kommt dem Skorpion meist zu überheblich und abgefahren vor; auch weigern sich

Skorpione grundsätzlich, Angehörige anderer Sternzeichen mit »Majestät!« anzusprechen.

DIE MÖGLICHEN PAARE IM EINZELNEN

Bitte kein Irrtum – hier geht es nicht um konkrete Personen. Namen stehen nur für Typen und Charaktere. Wie sonst wären Paarungen über den Abgrund der Jahrhunderte hinweg denkbar? Doch die schwache Fantasie von uns Menschen braucht Anregungen, Vorstellungen, griffige Bilder, um zu funktionieren. Leider werden die meisten unserer Traumpaare in der Wirklichkeit nicht zueinander finden können.

❤ SKORPION UND WIDDER: ✸✸✸

Skorpione sind unbestritten die Triebtiere unter den Sternzeichen. Ihr gesamtes Leben ist ein Kampf gegen ihre überschießenden Triebe, in dem sie meist unterliegen. Da kommt der nicht eben prüde Widder dem Skorpion gerade richtig in die Quere. Aber dem Liebesrausch folgt schnell die Ernüchterung: Beide Sternzeichen sind nicht eben sonderlich treu, sondern eher... na, sagen wir... Gelegenheitstäter, wenn auch aus unterschiedlichen Gründen. Und beide sind überaus eifersüchtig. Das gibt einen Zoff!

☞ *Das prominente Paar:*

Grace Kelly (Skorpionin) **und**
Herbert von Karajan (Widder)

»Sag die Wahrheit, Herbert! Hast du was mit den Berliner Philharmonikern?!« Grace ist außer sich vor Eifersucht. »Wie du dem Ersten Bratschisten den Bogen gereicht hast! Ekelhaft! Wehe, wenn ich euch erwische, Herbert!«

»Ob ich was mit den Berliner Philharmonikern habe?« Empört bläst er die breite Dirigentenbrust auf. »Und du? Wie du wieder in diesem aufreizenden Fummel durch die Filmfestspiele geschwebt bist! Wie würdest du dich aufführen, wenn ich mal so aufs Podium stiege! Und wie dieser Fürst dich angesehen hat, dieser, dieser Rainier... Grauenhaft!«

Keine glückliche Konstellation, wie wir Astrologen wissen. Und keine Verbindung, die Zukunft hat – wie die Goldenen Blätter berichten werden.

❤ SKORPION UND STIER: ✷✷

Mit Skorpion und Stier prallen zwei unglaubliche Sturköpfe zusammen. Das kann entweder zu gemeinsamer Euphorie führen – nämlich dann, wenn beide Sturköpfe sich gegen einen Gegner solidarisieren können. Stier-Skorpion-Lieben werden besonders dann glücklich und zufrieden, wenn alle anderen – besonders die Eltern des liebenden Paares – dagegen sind. So viel Widerstand stachelt den Starrsinn und die Liebe zu höchster Blüte an. Aber wehe, wenn Stier und Skorpion gegeneinander losgelassen werden! Beide besitzen ein Potential an Eifersucht, daß die Waffenarsenale der Groß-

mächte an Vernichtungskraft um einiges übertrifft. Die widerlichen Skorpione löchern Stiere solange mit wohldosierter Desinformation, bis sie einen ihrer gefürchteten Wut- und Eifersuchtsausbrüche bekommen. Umgekehrt kann der Stier den Skorpion durch kleine Sticheleien so unberechenbar und rachsüchtig machen, daß dieser ohne zu zögern seinen Giftstachel ausfährt...

☞ *Das prominente Paar:*

Pablo Picasso (Skorpion) **und Liberace** (Stier)

Eine ungewöhnliche Verbindung und ein ungewöhnlicher Einklang dieser Sternbilder – und das, obwohl (oder weil?) beider Eltern dagegen sind: Der sonst eher dumpfe Stier als graziöses Lichtwesen, der dunkel-triebhafte Skorpion als betrachtender Beobachter – und zugleich eine schöne Freundschaft zwischen Männern: Während Liberace angetan wie ein außerirdischer Pfingstochse durchs Haus schreitet und für Pablo einen Broadway-Song nach dem anderen schmettert, liegt der Meister des Borstenpinsels friedlich in der spanischen Sonne und genießt die Kapriolen seines Gefährten. Doch er betreibt keineswegs Müßiggang – vor lauter

Schaffenskraft ist ihm die Farbe ausgegangen. Drei fertige Ölschinken warten schon im Ölkeller auf den Auktionator. Und wenn der Postbote heute endlich den neuen Ölmalkasten vom Lotto-Versand bringt, wird Pablo sicher wieder stundenlang was zu malen haben.

❤ SKORPION UND ZWILLING

Eine indifferente Konstellation – eigentlich ist es am besten, wenn sich Angehörige dieser beiden Sternzeichen übersehen. Wenn sie doch irgendwie aneinanderrasseln, ist kaum abzusehen, was geschehen wird. Leidenschaftlich, stur und willensstark, wie Skorpione sind, kann es passieren, daß sie den Zwilling eine Weile an der Kandare halten. Spätestens, wenn der erste Rausch des Glücks vorüber ist, wird der Zwilling nach neuen Ufern aufbrechen. Es bleibt zu hoffen, daß er beim Skorpion auf das nötige Verständnis trifft. Doch unberechenbar und rachsüchtig, wie dieses Tier nun einmal ist, kann es auch zu schweren Eifersuchtsdramen kommen...

☞ ***Das prominente Paar:***

Kim Wilde (Skorpion) **und**
Josef Neckermann (Zwilling)

Zugegeben: Sie macht ihm mit ihrem Gesang die Pferde scheu. Aber es sind andere Dinge, die er an ihr schätzt: Ihre leidenschaftliche Art, die Hüfte zu schwingen zum Beispiel. Und das großartige Bild, das sie in den erlesenen Kleidern und Roben aus seinem Edel-Versandhaus abgibt. Am liebsten hat er es, wenn sie den scharfen Küchenkittel von S. 455 trägt, oder das weitausgeschnittene Abendkleid aus 85% Polyester und 15% Polyacryl. Dann läßt er für sie jedes Reitpferd stehen.

Sie mag seine leichtfüßige Art, neue Kontakte in Industrie und Politik zu gewinnen, und möchte diese Stärke auch geschäftlich nutzen. Wenn es nach ihr ginge, wäre er längst ihr Manager.

❤ SKORPION UND KREBS: ✸❀❀❀

Ein Paar wie aus dem Paradies: Übereinstimmung in vielen grundlegenden Fragen, erotische Spannung bis ins Greisenalter – was kann man sich mehr wünschen? Vermutlich liegt dies daran, daß das eine

Panzertier es einfach zu geil findet, wenn das andere Panzertier den Panzer auszieht. Zudem gewährt der Skorpion dem Krebs den Schutz seines Giftstachels. Dafür toleriert der Krebs dessen Engstirnigkeiten und zeigt sich auf unnachahmliche Weise nachgiebig. Das gefällt dem Skorpion natürlich, dem widerlichen Chauvi!

Der einzige Makel dieser Prachtverbindung: die Eifersucht. Schlimmer noch als Krebse steigern sich Skorpione in einen wahren Rausch des Mißtrauens, und sie können, einmal betrogen, zu gemeinen, hinterhältigen Feinden und Rächern werden...

Übrigens: 135% aller Eifersuchtsmörder, die einen Stachel als Tatwaffe benutzt haben, sind Skorpione.

☞ *Das prominente Paar:*

Margaret Mead (Skorpion) **und Ferdinand Sauerbruch** (Krebs)

Ein Paar, wie es ökonomischer nicht forschen kann – zuerst stellt sie ihre völkerkundlichen Betrachtungen an, dann flickt er ihre Forschungsobjekte wieder zusammen. Zudem findet er sie in Tropenhelm und kurzem Khaki-Röckchen, den Elefantentöter geschultert, einfach affenscharf. Bleibt zu hoffen, daß er nie herausfinden wird, was sie damals auf Tonga mit dem schwergewichtigen Häuptling hatte. Kein Zweifel – Dr. Sauerbruch würde zum Mr. Hyde, der mit dem Skalpell finstere Rache nähme...

❤ SKORPION UND LÖWE: ✷❀❀❀

Pfoten weg! – so rät der verantwortliche Astrologe allen Löwen. Skorpione stechen – sie sind die geborenen Attentäter und Königsmörder! Wenn sie ihn nicht gleich kaltmachen, nerven sie den Löwen mit Mißtrauen, Eifersucht und Überwachung. Auch in mit Sicherheit auftretenden Actionszenen zieht der Löwe den kürzeren. Skorpione gehen aus jedem Streit mit neuer Energie hervor – sie nutzen Aggression als Antriebskraft.

Ein erfahrener Löwe-Herrscher weiß diese Eigenschaften seines Skorpion-Partners allerdings in seinem Sinne zu nützen, denn so mancher absolute Herrscher braucht eine gut funktionierende Geheimpolizei. Wenn Sie, lieber Löwe, also Ihre Verwandtschaft bespitzeln wollen oder müssen, heiraten Sie einen Skorpion! Er übernimmt das gern und effektiv für Sie! Ansonsten wie gesagt: Pfoten weg! Skorpione sind Feinde der Monarchie, wie Sie diese verstehen!

☞ *Das prominente Paar:*

Uwe Seeler (Skorpion) **und**
Jacqueline Kennedy (Löwe)

Echt gemein, wie Uwe seiner Frau nachspioniert. Ständig heftet sich die ganze Nationalmannschaft unauffällig an ihre Fersen, fotografiert unentwegt und gibt vor, Elfmeterschießen zu trainieren, wenn Jacqueline ihrer gewahr wird. Eine Löwin braucht nun mal ihre Freunde, und was macht es schon, wenn sie sich heute mit John F. im New York Plaza, morgen mit Onassis auf seiner Jacht im Mittelmeer trifft? Nein, wirklich, Uwe sollte lieber den widerlichen Klatschreportern ein wenig auf die Finger schauen, die ihr außerdem noch nachrennen. Statt dessen sitzt er zu Hause und durchstöbert ihre Tagebücher nach weiteren Hinweisen auf heimliche Liebhaber...

❤ SKORPION UND JUNGFRAU:
✸❀❀❀

Geistig geht hier sozusagen die Eilpost ab – was sexuelle Attraktion betrifft, ist die Jungfrau vom triebstarken Skorpion fasziniert. Dem ist eh gleichgültig, in wen oder was er sich verliebt, und so herrscht eine ganze Weile eitel Sonnenschein und Liebeslust. Krisen ergeben sich aus der sagenhaften Dauerbrunst des Skorpions oder auch in Sachen Eifersucht, obwohl die echte Jungfrau treu wie ein überzogenes Konto ist. Was bleibt ihr auch übrig – die Rachsucht des Skorpions ist gefürchtet.

☞ ***Das prominente Paar:***

Marie Antoinette (Skorpion) **und**
Franz Beckenbauer (Jungfrau)

Nein, der Trainer ist der Mannschaft kein Vorbild: Auch vor dem Länderspiel kann er seiner Marie nicht widerstehen. Zu wild toben die Leidenschaften, zu sehr beutelt ihn ihr Eckstoß und Elfmeter, zu genau sind ihre Torschüsse plaziert, als daß er im Abseits bleiben oder noch abpfeifen könnte. Auch sie hat nichts dagegen, zusammen mit ihm den Kopf zu verlieren. Ihre monarchistischen Eskapaden der Vergangenheit hat er ihr längst verziehen, die rote Karte bleibt in der Gesäßtasche. Einzig im Stadion trennt er sich von ihr – dort gilt seine Liebe nur 22 haarigen Männerbeinen und einem Ball.

❤ SKORPION UND WAAGE: ✸❀❀❀

Venus und Mars – das gibt Terror, und zwar in jeder Hinsicht. Wenn der Skorpion Feuer fängt, brennt meist gleich das ganze Haus ab. Übrig bleibt die emotional verkohlte Waage – mit einem Ehepartner und Hausdetektiv am Hals, denn der Skorpion fackelt nicht lange. Den Zeiten des Liebessturmes folgen solche verbissener Grabenkämpfe, in denen der Skorpion so lange obsiegt, bis die Waage zur Guerilla-Taktik greift und den Skorpion ablinkt.

Auf jeden Fall ergeben der Starrsinn und Widerspruchsgeist des Skorpions und die vehemente Eloquenz der

Waage eine teuflische Sprengstoffmischung für stundenlage, ebenso fruchtlose wie lautstarke Dispute. Wenn Sie Eheterror lieben, liebe Waage, suchen Sie sich also einen Skorpion.

Der nervt Sie nicht nur glänzend, sondern bewacht Sie auch noch wie ein Schießhund. Die kleinen Eskapaden nebenher, die Waagen ja so sehr lieben, können Sie sich abschminken! Es sei denn, Sie wollen unbedingt in einem Morddrama (Motiv Eifersucht) mitwirken...

☞ *Das prominente Paar:*

Selma Lagerlöf (Skorpion) **und**
Cesare Borgia (Waage)

Zuerst war er es, der auf Selma flog: Schriftstellerinnen der Neuromantik hatte er noch nicht gehabt. Dann fing sie Feuer, und es folgten heiße Nächte im ewigen Schnee nördlich des Polarkreises. Die Ernüchterung: der Schnee geschmolzen, und Cesare trägt einen Ring am Finger! Schluß mit den ewigen Orgien! Selmas Regiment ist hart, auch wenn Cesare sich noch so sträubt. Weg mit Pornoschrott und Lustgelümmel! Doch der Freudenfürst findet schnell den Weg, der harschen Gattin in freundlichere Gefilde zu entkommen. Als Nils Holgersson macht er sich auf dic wundersame Reise und damit gleich die Biege aus dieser unerträglichen Liebesfalle...

❤ SKORPION UND SKORPION:

✸✸❀

Eigentlich keine Liebesbeziehung, sondern ein Kampfeinsatz mit schwerster Bewaffnung. Entscheidend erweist sich hier die Frage, wohin sich die aggressiven Energien richten. Wenn sie nach innen zielen, ist in der Skorpion-Skorpion-Verbindung tagtäglich der ganz große Totentanz angesagt. Nachgeben können Skorpione nicht – sie kämpfen bis zum bitteren Ende. Steht jedoch der Feind außen, z.B. im Geschäfts- oder Berufsleben, wird das Skorpion-Skorpion-Team zum unbesiegbaren Feind – etwa wie David Hasselhoff und sein oberschlaues schwarzes Zuhälter-Auto.

Gezielt bügelt die Kampfmaschinerie Skorpion-Skorpion jeden Widerstand nieder, und ganz nebenbei werden die zwei Rambos des Tierkreises auch noch stinkereich! Wie gemein!

☞ ***Das prominente Paar:***

Rudolf Augstein (Skorpion) **und**
Indira Ghandi (Skorpion)

»Spieglein, Spieglein, an der Wand – wo sitzt der Feind in diesem unserem Land?«: so befragt Rudolf jeden Morgen im Blätterwald seinen allwissenden Reflektionsapparat, und wenn er Glück hat, nennt ihm sein liebes Spiegelein wieder diesen oder jenen, der niederzumachen ist. Wenn nicht, muß Indira sich in acht nehmen. Dann richten sich seine Killerinstinkte gegen sie, aber sie hat Haare auf den Zähnen und fürchtet weder Fritz noch Teufel. Indiens Opposition hat sie locker in die Pfanne gehauen, da wird sie doch mit Rudi fertigwerden können...

❤ SKORPION UND SCHÜTZE:

✸❀❀❀

Feuer und Wasser – wie soll das gutgehen? Hier der verschlossene, finstere, abgrundtief mißtrauische Skorpion – dort der offene, auf das Gespräch angewiesene, kontaktfreudige Schütze. Nichts haßt der Skorpion mehr als Geschwätzigkeit und heiteren

Trubel, und nichts ist dem Schützen fremder als der Hang des Skorpions zu finsteren Mächten und rätselhaften Hintergründen. Zudem würde der Schütze nur allzu leicht ein Opfer der verbissenen Eifersucht des Skorpions. Prädikat: nicht empfehlenswert! Unbedingt abzuraten!

☞ ***Das prominente Paar:***

Wolf Biermann (Skorpion) **und**
Edith Piaf (Schütze)

Paff! Wieder geraten sich der preußische Ikarus und der Spatz von der Seine ins Gefieder. Ihm geht es ungemein auf die Nerven, daß ihre Lieder nur von Liebeslust und Liebesleid handeln und kein einziger Ostblock oder sonst was politisch Tiefgründelndes auch nur in einer einzigen Zeile erwähnt ist. Ihr geht sein Gekrächze ans zarte Gemüt, und wen wundert es, daß sich der Spatz von Paris draußen auf der Regenrinne nach ein paar flotteren Vögeln umsieht? Er aber kann es nicht verstehen und malträtiert wieder einmal in einem Anfall von Eifersucht seine arme Gitarre...

❤ SKORPION UND STEINBOCK: ✸❀❀

Sie haben vieles gemeinsam: die Starrköpfigkeit und das Streben nach Sicherheit, Karriere und einem dicken Bankkonto. Dennoch trennt sie auch so manches: Steinbock wie Skorpion machen nur zu gern aus ihrem Herzen eine Mördergrube, in die besser niemand einen Blick wirft. Nur in dieser Konstellation sind Verbindungen möglich, in denen der eine Partner so gut wie gar nichts vom anderen weiß.

Aber vielleicht ist gerade das der Grund, weshalb Steinbock-Skorpion-Beziehungen so lange halten. Die gefühlsmäßige Nähe oder ein gegenseitiges Verstehen jedenfalls sind es nicht. Eigentlich müßten sich Steinbock und Skorpion ihr Leben lang siezen...

☞ *Das prominente Paar:*

Elke Sommer (Skorpion) **und**
Elvis Presley (Steinbock)

Irgendwie ein Bilderbuchpaar – aber irgendwie auch nicht. Er kohlrabenschwarz, sie affentittenblond. Er absolut macho, sie absolut klatscho. Er Hot dog, sie Kaviar. Er »Love me tender«, sie »Send me a lover«. Er Gott der Gitarre, sie Göttin der Zigarre... ach nee, lassen wir das. Denn über allem schwebt die bange Frage: Warum eigentlich? Und wie lange noch? Und wer bin ich, oder wer war sie? Schließlich und endlich: Wie ist das nun eigentlich mit dem Abgrund zwischen den Menschen?

❤ SKORPION UND WASSERMANN: ✸✸✸✸

Der Skorpion als verbissener Vertreter von Recht und Ordnung, Pünktlichkeit, Beharrlichkeit, ehernen Grundsätzen und gebügelten Hemden – dagegen der Wassermann, der nach Freiheit und Abenteuer giert und sich in keine Schablone, schon gar nicht in eine Skorpion-50-Jahres-Lebensplanung pressen läßt: Das gibt fiesen Ärger! Man könnte ebensogut versuchen, mit einem Diesel ein Grand-Prix-Rennen zu gewinnen. Zwar besteht für den hinterfotzigen Skorpion die Möglichkeit listenreicher Verstellung, um den Wassermann in eine Bindungsfalle zu locken, und ein solches Vorgehen würde auf den ersten Augenblick Sinn machen, denn der stocksteife Skorpion könnte reichlich vom Fantasieschatz des Wassermannes profitieren. Aber bereits die Art, in der der Wassermann morgens sein Frühstücksei köpft – nämlich mit der selbstkonstruierten Eier-Guillotine – wird den Skorpion zur Raserei treiben. Prädikat: Nicht empfehlenswert!

☞ *Das prominente Paar:*

Marie Curie (Skorpion) **und Heinz Erhardt** (Wassermann)

So kann es nicht weitergehen! Wieder hat Heinz, auf der Suche nach einem Reim für seine dünnbrettigen Gedichte, ihr Nähkästchen mit den Isotopen durcheinandergeworfen. Das Americium ist unter das Sofa gerollt, und das Radium hinters Radio... Nein, Heinz, so geht es nicht! Auch du mußt dich an die Hausordnung und an das Periodensystem der Elemente halten! Basta! Und jetzt kommt der irre Schwätzer auch noch an und will sein letztes Machwerk vortragen: »Hinter eines Baumes Schale, saß der Hamster mit dem Wale...«

❤ SKORPION UND FISCHE: ✸❀❀❀

Große Anstrengungen muß der Skorpion nicht unternehmen, um den Fisch zu fangen. Der ist von dem selbstsicheren und leidenschaftlichen Kämpfer sofort fasziniert und geht ihm freiwillig ins Netz. Er bekommt dafür ein gemütliches Goldfischglas mit reichlich Futter, wird im Krisenfalle vom Skorpion seelsorgerisch betreut und kann deshalb auf die Zugabe von C_2H_5OH in seinem Wasser verzichten.

Als Gegenleistung darf der Skorpion gelegentlich in der enormen Gefühlstiefe des Fisches herumschwimmen. Ein Paar, das mühelos zwei, drei Legislaturperioden überdauert.

☞ *Das prominente Paar:*

Charles de Gaulle (Skorpion) **und Elisabeth Taylor** (Fisch)

Er hat die grande nation geführt und gemeinsam mit Freund Konrad Europa vereinigt – da ist es ihm ein leichtes, Elisabeth den rechten Weg zu weisen. Nein, mit Richard Burtons (übrigens auch Skorpion) Alkoholtherapie hat sie gebrochen, und nun sieht sie aus wie das blühende Leben. Sie verehrt ihren Charles wie keinen zweiten Mann in ihrem Leben und pudert ihm vor Staatsbesuchen voller Bewunderung die formatfüllende Nase. Er sieht es gern, wenn sie in ihrer Freizeit in der Laienspielgruppe der *Académie Française* die *Jeanne d'Arc* spielt. Wirklich ein Traumpaar.

BERÜHMT-BERÜCHTIGTE SKORPIONE:

- ◇ Pablo Picasso (Maler) – 25.10.1881
- ◇ Mahalia Jackson (Gospel) – 26.10.1911
- ◇ Cornelia Froboess (Gesang und Schauspiel) – 28.10.1943
- ◇ Joseph Goebbels (miese Propaganda) – 29.10. 1897

- ◇ Salvatore Adamo (»Es geht cinc Träne auf Reisen«) – 31.10.1943
- ◇ Keith Emerson (»Emerson, Lake & Palmer«) – 2.11.1944
- ◇ Marie Antoinette (Königin)- 3.11.1755
- ◇ Uwe Seeler (Nationalheld) – 5.11.1936
- ◇ Art Garfunkel (die eine Hälfte von Simon & Garfunkel) – 5.11.1941
- ◇ Ike Turner (Tinas Ex-Gatte) – 5.11.1931
- ◇ Julius Hackethal (Heiler) – 6.11.1921
- ◇ Joni Mitchell (Gesang) – 7.11.1943
- ◇ Richard Burton (der Doppelgatte von Liz) – 10.11.1925
- ◇ Neil Young (»Rock 'n Roll will never die!«) – 12.11.1945
- ◇ Grace Kelly (später: Gracia Patricia) – 12.11.1929
- ◇ Loriot (Fachmann für deutschen Humor) – 12.11.1923
- ◇ Charles von England (Kronprinz) – 14.11.1948
- ◇ Wolf Biermann (früher Spätaussiedler) – 15.11.1936
- ◇ Kim Wilde (Rockröhre) – 18.11.1960
- ◇ Charles de Gaulle (Präsident) – 22.11.1890

JAVAANSE JONGENS